AF555169

SALSIFIS

OU

LES INCONVÉNIENTS DE LA GRANDEUR

FARCE

EN DEUX ACTES

PAR

ALFRED DEBERLE

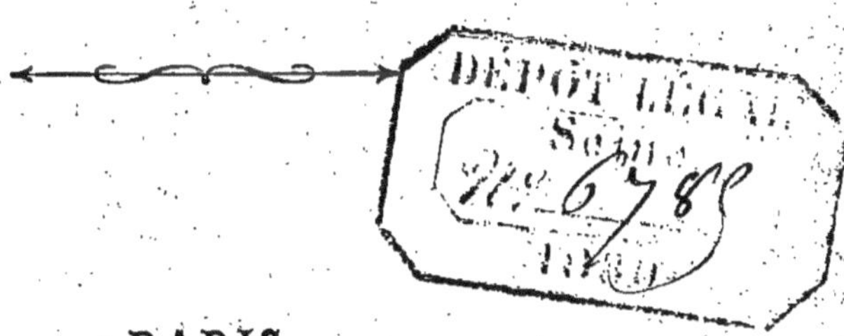

PARIS

AUG. BOYER ET Cie, LIBRAIRES-ÉDITEURS

49, rue Saint-André-des-Arts

***

PARIS. — IMP. Vve P. LAROUSSE ET Cie

19, RUE MONTPARNASSE, 19

***

PERSONNAGES

MAURICE DE SAINTE-MARIE, environ quinze ans.
SALSIFIS, marmiton, même âge.
Monsieur DUFLOT, oncle et parrain de Maurice.
GROSSOMODO, factotum de ce dernier.
UN BRIGADIER de gendarmerie, personnage important.
FANFRELUCHE, gendarme (vénère son brigadier).
RIGARAC, directeur d'un théâtre de marionnettes.
TIRELARIGOT, tailleur.
GROSBOUFFI, vitrier (personnage maigre et chétif).
ALCINDOR LA COQUELUCHE, paysan.
PHANOR CRIQUET, valet de ferme.
JOHN, domestique de Monsieur de Sainte-Marie.

La scène se passe à la campagne, chez M. de Sainte-Marie.

SALSIFIS

OU

LES INCONVÉNIENTS DE LA GRANDEUR

FARCE EN DEUX ACTES

ACTE PREMIER

Un salon ayant vue sur le parc par une fenêtre à gauche de la porte d'entrée. Portes latérales. Guéridon sur lequel se trouve tout ce qu'il faut pour écrire; fauteuils et siéges de formes différentes. Cheminée à droite.

—

SCÈNE PREMIÈRE

MAURICE, *en habit de chasse, un fusil à la main, parcourt le théâtre en riant aux éclats.* JOHN, *grave et silencieux, le suit lentement et regarde à droite et à gauche d'un air étonné. Bruit au dehors.*

MAURICE. Comme c'est amusant de s'amuser! Toute la fête est sens dessus dessous, grâce à moi! Si tu savais, John, quels bons tours j'ai joués aux uns et aux autres; si je t'énumérais le nombre de mes victimes, cela t'amuserait bien, va. D'abord le montreur de marionnettes à qui... mais...(*Écoutant.*) N'entends-tu pas du bruit?

JOHN. Oha! yès!

MAURICE. On me cherche; courez, mes braves gens, l'oiseau est envolé. En vérité, depuis huit jours seulement que je suis chez mon père, je me suis joliment diverti. Je te dirai donc... Ah! figure-toi que le tailleur qui fait le coin de la rue... (*Il écoute.*) Dieu me pardonne! les voilà à la grille du parc. (*On sonne vigoureusement.*)

JOHN, *regardant par la fenêtre.* Oha! yès! (*Le bruit redouble, on sonne de nouveau.*)

MAURICE. Je te conterai tout cela une autre fois. Si le vitrier est avec eux, présente-lui mes compliments. Pour l'instant, il est prudent que je m'esquive... (*Il écoute.*) Leurs voix deviennent menaçantes. (*Écoutant de nouveau.*) Bah! quand on se nomme Maurice de Sainte-Marie et que l'on est le fils d'un homme riche et puissant, on peut tout se permettre. (*Riant.*) Quand je pense à ce malheureux âne qui faisait si bien hi! han! hi! han! hi! han! comme pour me remercier de lui avoir donné la clé des champs! une chose paraissait le contrarier cependant: c'était certaine sonnette tapageuse que je lui avais attachée à la queue. Ah! ah! ah! John, arrange-toi pour le mieux avec ces braves gens, je compte sur ton intelligence, et en attendant que l'orage soit apaisé, je vais me réfugier en lieu sûr. Tu entends, mon bon John?

JOHN. Oha! yès! sir!

MAURICE, *fausse sortie*. Délicieux! délicieux! on ne peut passer son temps d'une façon plus agréable. (*Regardant au dehors.*) Comment, ils ont forcé la grille du parc! J'aperçois des gendarmes! Oh! oh! cela est grave. (*Il sort en courant. Grand tumulte à la porte du salon.*)

SCÈNE II

JOHN, *seul, puis un* BRIGADIER DE GENDARMERIE, FANFRELUCHE, *gendarme*; RICARAC, TIRELARIGOT, GROSBOUFFI.

LE BRIGADIER, *au dehors*. Au nom de la loi, ouvrez!

JOHN *prend un siége et s'assied au milieu du théâtre. Après un instant de silence, le tapage recommence et la porte s'ouvre, livrant passage au brigadier et au gendarme; Ricarac, Tirelarigot et Grosbouffi viennent ensuite, criant et gesticulant. Ce dernier surtout, personnage chétif et presque difforme, fait plus de bruit que les autres.*

TOUS. Où est-il, ce mauvais sujet?

LE BRIGADIER, *à John, qui fait semblant de dormir, le secouant rudement*. Hé! camarade?... Hé! réveillons-nous, bel endormi.

JOHN *se lève méthodiquement, se frotte les yeux, n'a pas l'air de voir ni d'entendre et chante d'une voix gutturale*:

AIR : *Malbrough s'en va-t-en guerre.*

Malbrough il être mort
O yès! faisait beaucoup de peine!

(*Parlant.*) O yès! beaucoup de peine et de bobo au cœur de moâ...

TOUS. Ce n'est pas cela qu'on vous demande.

LE BRIGADIER, *le secouant de nouveau.* Faites-nous savoir où se trouve le jeune Maurice... Nonobstant!

JOHN, *prêtant l'oreille.* Vô dites?

LE BRIGADIER. Monsieur Maurice de Sainte-Marie?

JOHN. Oha! yès!

LE BRIGADIER, *élevant la voix.* Je vous requiers de nous octroyer subséquemment et postérieurement le jeune Maurice, qui s'est comporté d'une façon irrévérencieuse, fallacieuse et superlative...

JOHN, *l'interrompant.* L'oreille de moâ il était très-dur, oh yès! beaucoup considérablement dur, mon général.

LE BRIGADIER, *criant plus fort.* Subséquemment et postérieurement je vous requiers...

JOHN, *l'interrompant.* Oha! yès! moâ comprendre vô... tôt à fait, ô yès!

LE BRIGADIER. Pour *lorsse* rrrépondez!

JOHN. Vô demander à moâ quelle heure il était? oh! je avais deviné.

TOUS. Il est sourd comme une bûche.

LE BRIGADIER, *frappant du pied.* C'est trop fort! (*Au gendarme.*) Qu'en dis-tu, Fanfreluche?

FANFRELUCHE, *salut militaire, accent germanique.* Bricatier, vous affre raisson.

JOHN. Oh yès! chercher l'heure, mon général. (*Il s'éloigne gravement.*)

SCÈNE III

LES MÊMES, *moins* JOHN.

LE BRIGADIER, *s'asseyant d'un air important et plaçant des papiers sur la table.* Instrumentons! quel malheur d'être sourd, Fanfreluche!

FANFRELUCHE, *salut militaire.* Bricatier, vous affre raisson. (*Il se place debout derrière le brigadier. Les autres personnages se rangent autour de la table.*)

GROSBOUFFI, *voix de fausset.* Dressez procès-verbal, brigadier.

LE BRIGADIER. Dûment en forme subséquemment.

RICARAC, *accent méridional.* Sur papier marqué, cadédis!

LE BRIGADIER. Subséquemment, vous dis-je! (*Il écrit.*) Vous allez me narrer vos griefs...

TOUS ENSEMBLE. Vous saurez....

LE BRIGADIER. Taisez-vous... Déclinez-moi superlativement vos nom, prénoms, profession et demeure... rrrépondez! (*Il indique Grosbouffi.*)

GROSBOUFFI, *se démenant d'une façon comique; après avoir toussé et laissé tomber deux fois sa casquette.* Grosbouffi, Pluviôse, vu que je suis né natif sous la Révolution, même que je suis vitrier de mon état comme feu mon père qu'était un honnête homme, posant des carreaux à tout un chacun, pour vous servir, mon brigadier, vu que nous sommes tous susceptibles d'avoir des carreaux cassés, le tout au plus juste prix que....

LE BRIGADIER, *l'interrompant.* Quel galimatias postérieur et subséquent ! Soyez moins vaporeux, plaignant, soyez moins vaporeux.

GROSBOUFFI, *vite.* Pour lors, vous saurez, mon brigadier....

LE BRIGADIER, *écrivant.* Permettez que je vous couche....

GROSBOUFFI, *se rejetant en arrière.* Oh ! je ne suis pas fatigué !

LE BRIGADIER, *au gendarme, haussant les épaules.* Il est idiot, parole d'honneur ! Qu'en dis-tu, Fanfreluche ?

FANFRELUCHE, *salut militaire, avec explosion.* Bricatier, vous affre raisson !

Ricarac et Tirelarigot se mettent à parler bas ensemble.

LE BRIGADIER. Sieur Pluviôse Grosbouffi, continuez z'instantanément.

GROSBOUFFI, *se grattant l'oreille.* Il faut que je récupère.

LE BRIGADIER. Récupérez, récupérez.

GROSBOUFFI. Ah ! je vous disais donc... c'est-à-dire... (*Vite.*) Pour lors j'étais donc comme qui dirait à ma fenêtre en train de me faire la barbe, sauf votre respect, lorsque j'entends comme qui dirait pif ! paf ! patatras ! Comprenez-vous, mon brigadier?...

LE BRIGADIER, *écrivant.* C'est inutile, je consigne.

GROSBOUFFI, *vite.* Pour lors je me retourne, que je me suis retourné si vite qu'en me retournant mon rasoir s'est retourné et que je me suis enlevé un morceau du nez que l'on peut mettre sur le procès-verbal... vu que c'était une pierre de taille!

TOUS. Une pierre de taille!

GROSBOUFFI. Elle était grosse, sauf votre respect comme....

LE BRIGADIER, *avec dignité, l'interrompant.* Pas de comparaisons inférieures et subalternes.

GROSBOUFFI. Pour lors je mets le nez à la fenêtre...

LE BRIGADIER. Ce qu'il en restait subséquemment.

RICARAC, *regardant Grosbouffi en face.* Cadédis, le coupon en est superbe.

GROSBOUFFI, *avec majesté.* Mon brigadier, un jeune écervelé m'a jeté la pierre. (*S'animant.*) Je demande que réparation soit faite....

LE BRIGADIER. Taisez-vous.... rrrépondez! (*Il indique Tirelarigot.*) Qu'avez-vous à dire à la justice?

TIRELARIGOT *éclate en sanglots.* Mort, monsieur! mort! si jeune! si beau! si beau! hi! hi!

LE BRIGADIER. Avez-vous fini, ou sinon....

TIRELARIGOT, *se calmant tout à coup.* Dame, c'est qu'on a du cœur, et voilà!

LE BRIGADIER, *avec importance.* Qu'il faut de la patience aux magistrats!

TIRELARIGOT. Donc, Tirelarigot, Sulpice-César-Hercule (*saluant*), tailleur à façon, confectionne habits, pantalons, gilets pour noces et soirées, répare la toilette humaine et fais généralement tout ce qui concerne mon état, le tout pas cher et bien conditionné, — De la bonne marchandise et solide, car je suis connu depuis des années avantageusement, et voilà !

LE BRIGADIER. Taisez-vous... et faites superlativement votre déclaration.

TIRELARIGOT, *continuant*. Pour ce qui est de mon âge, je ne puis le préciser, attendu que je n'ai jamais eu de mémoire.

LE BRIGADIER, *se posant d'un air prétentieux*. Vous n'avez jamais eu de mémoire ? Est-ce à dire que si je vous obtempérais de me confectionner un pantalon d'ordonnance, vous ne m'en feriez pas un... de *mémoire?*

TIRELARIGOT, *se récriant*. Oh !

LE BRIGADIER, *se tournant vers Fanfreluche*. Que dis-tu, Fanfreluche, de ce calembour instantané-zé superlatif ?

FANFRELUCHE. Bricatier, vous affre raisson.

TIRELARIGOT. Pour revenir à notre affaire, vous savez apparemment ce qu'il était, quelle intelligence surprenante ! quelle grâce !

LE BRIGADIER. De qui parlez-vous ?

TIRELARIGOT, *levant les yeux et les bras*. Personne n'ignore qu'il était bon et rempli de gentillesse. Déjà malgré sa tendre jeunesse — (*il pleure*) — il disait de sa voix câline (*changeant de ton*) : Papa ! papa ! (*éclatant*).... aussi bien que vous et moi.... et.... et voilà !!! (*Il essuie ses yeux avec son mouchoir.*)

LE BRIGADIER. Mais de qui parlez-vous, finalement?

TIRELARIGOT, *pleurant*.... Ne faisait jamais de sottises à personne, mon brigadier.

LE BRIGADIER, *s'emportant*. Finalement, vous dis-je! (*Il se lève.*)

TIRELARIGOT, *pleurant*.... Était propre... mais propre, mon brigadier...

LE BRIGADIER, *furieux*. Je vous somme de...

TIRELARIGOT, *éclatant en sanglots*..... Un phénomène, mon brigadier.

LE BRIGADIER, *frappant sur la table*. Se taira-t-il ?

TIRELARIGOT...... Une créature extraordinaire, mon brigadier.

LE BRIGADIER, *d'un ton sentencieux*. Au nom de la loi...

TIRELARIGOT..... Et bon!

LE BRIGADIER. Mossieu !

TIRELARIGOT. ... Mort! mort!

LE BRIGADIER. Mossieu !

TIRELARIGOT. C'est-à-dire tué! tué!

LE BRIGADIER, *frappant sur la table*. Que cet homme est bouché!

TIRELARIGOT. Tailleur, mon brigadier.... Au moment où il allait dire maman......

LE BRIGADIER. Je verbalise...

TIRELARIGOT, *avec un sanglot*. Maman, de sa petite voix...

LE BRIGADIER. Une fois... deux fois... trois fois.....

TIRELARIGOT. C'est tout ce que j'aimais au monde... lui et mon épouse!

LE BRIGADIER. Je vous apprendrai à méconnaître mon autorité récupératoire et verbalisatrice...

TIRELARIGOT, *s'affaissant sur un siége, — avec explosion.* Ah! messieurs, c'était un bien beau merle! (*Il pleure silencieusement.*)

LE BRIGADIER, *se rasseyant, — d'une voix sourde.* Ah! c'était un merle! Fanfreluche, respectons toutes les douleurs.

FANFRELUCHE, *avec conviction.* Bricatier, vous affre raisson.

LE BRIGADIER, *désignant Ricarac.* A vous maintenant. Parlez et rrrépondez!

RICARAC, *s'avançant, — avec volubilité.* Cadédis! jé mé nomme Ricarac, Isaac, natif de Fezensac; j'aurai cinquante ans à Pâques et suis marchand de bric-à-brac, directeur d'un théâtre-baraque dans lequel on voit M. de Crac, avec son frac, chassant sur le lac de son castel de Brac, dans un bac, avec un grand sac... Couac! couac! voici venir les canards... Couac! couac! jé souis noble, mon père était noble, ma mère était noble, mes oncles, au nombre dé soixanté-douze, étaient nobles, et ma famille rémonte à la plus haute antiquité.

GROSBOUFFI. Vous êtes plus noble que le roi?

RICARAC. Si jé vous lé prouvais, cadédis!

GROSBOUFFI. Cela serait trop long. (*Le Brigadier, qui s'est assoupi par degrés, dort bruyamment.*)

RICARAC, *à part.* Jé né sais cé qui mé rétient d'écraser cé pétit sécot entré lé pouce et l'index. (*Haut, au Brigadier.*) Jé souis vénu avec ma troupé d'acteurs à la fêté du villagé qui sé fait en cé moment. Grâce à l'éloquencé qui mé caractérisé, j'avais réuni, (*saluant*) avec la permission de monsieur lé mairé et des autorités, la plus belle société dé cé pays. Au moment lé plus pathétique dé la représentation, quand la jeune fille s'écrie : « Sauvée! merci, mon Dieu! » voilà qu'uné pierré vient frapper mon prémier sujet en pleiné poitriné! Cadédis! la moutardé mé monté à la figure, jé sors furieux de la coulisse, et j'aperçois un jenné mauvais sujet s'enfuyant à toutés jambés dé cé côté. Cadédis! vous dévinez qui c'était. (*Tirant de sa veste les morceaux d'un pierrot; d'une voix attendrie.*) Vénez.., vénez, victime infortunée; vénez, débris précieux. Ah! justicé! justicé!

Du plus grand des pierrots, voilà ce qu'il me reste...
Un bouton, deux boutons, trois boutons et sa veste!

(*Il jette la marionnette sur la table; le brigadier se réveille en sursaut.*

LE BRIGADIER, *se frottant les yeux.* Subséquemment, vous dites que c'était un merle?

RICARAC. Un pierrot, brigadier.

LE BRIGADIER, *écrivant.* C'est toujours un oiseau.

RICARAC. Pardonnez-moi, cadédis!

LE BRIGADIER. Taisez-vous. Ne répondez que si je vous interroge. Vous n'avez plus rien à ajouter ni les uns ni les autres?

RICARAC. Justice!

GROSBOUFFI. Justice!

TIRELARIGOT, *avec un sanglot.* Justice!

LE BRIGADIER, *écrivant à mesure qu'il parle.* Consigné-z'et narré ostensiblement. Ajoutons comme étant venu-z'inopinément à notre connaissance superlative et supérieure le chat de la mère Trochu, et réciproquement le chapeau de maître Racorni, notaire, réduit à la dernière extrémité, z'ainsi que l'habit bleu du sieur Brouillonnard, son clerc, z'avec le dos de Jean-Claude, qu'est un garçon recommandable et contrefait, dans lequel est entré-z'une pierre que l'on a reconnue être un caillou, suivi de l'œil du chien du cousin de la nièce du fils de la fille de Gertrude, accompagné de trois poules, dont un coq, blessés dangereusement ; attendu qu'il y a-z'également un pommier dont il a saccagé-z'au moyen d'ingrédients pierreux et secoué-z'à tour de bras-z'a reprises fallacieuses, obstinées et fréquentes, les branches dont auxquelles il y avait appendu ou plutôt suspendu des pommes de reinette. Vu qu'il a méchamment jeté-z'au feu et avec artifice celui de ce nom préparé pour la fête, lequel feu a brûlé et par conséquent incendié la perruque de M. du Colombard de la Routardière, qu'est un homme estimable quoique très-respectable. Ce que nous af... (*épelant*) a...p...h... (*A Fanfreluche.*) Il faut un *h* à *aphirmons*, n'est-ce pas, Fanfreluche?

FANFRELUCHE. Bricatier, vous affre raisson.

LE BRIGADIER, *écrivant*. Sincère et véritable, et avons signé, ainsi que les réquérants susnommés et qualifiés. (*Il présente la plume à Grosbouffi.*) Signez.

GROSBOUFFI. Sauf vot' respect, je n'ai jamais été à l'école. Pour lors...

LE BRIGADIER. Suffit... (*Il écrit.*) A l'exception... (*cherchant ses mots.*) A l'excep...ti...on (*il écrit*) puérile et subalterne du sieur Grosbouffi, qui, requis par nous de ce faire, a déclaré ne le savoir... (*cher-

chant) ne... le... savoir... subséquemment et finalement. (*Il se lève et présente la plume à Ricarac, qui signe; Tirelarigot pousse un gros soupir et signe ensuite.*)

SCÈNE IV.

LES MÊMES, LA COQUELUCHE, *accourant.*

LA COQUELUCHE, *éternuant. Il parle du nez et tient continuellement son mouchoir à la main.* Atchie! atchie! attendez... je... je... je... atchie! je viens dé... dé... déposer ma blainte au... au... aussi... atchie! (*Il poursuit le brigadier, qui fait ses efforts pour l'éviter.*)

LE BRIGADIER. Lâchez-moi donc, jeune homme intempestif et péremptoire. Qui êtes-vous?

LA COQUELUCHE. A... a... Alcindor... la Coqueluche, atchie!

LE BRIGADIER. Qu'est-ce que cela prouve subséquemment?

LA COQUELUCHE. Que... que... que... atchie!

LE BRIGADIER. Parlez sans crainte.

LA COQUELUCHE. Vous... voyez bien que je suis enrhubé du cerbeau, atchie!

LE BRIGADIER, *s'apprêtant à sortir.* Que Dieu vous bénisse, alors. Fanfreluche, partons.

FANFRELUCHE, *soupir partant du cœur.* Bricatier, vous affre raison. (*Ils sortent.*)

LA COQUELUCHE, *les poursuivant.* Le ga... garnement, atchie! a détaché une meute de chiens, atchie! atchie! qui a dé... dé... dévoré le repas de noces du cou... cou... cousin Jarnicot, atchie! atchie! (*A la porte, criant.*) Je... je... me plaindrai au préfet, au procureur... Atchie! atchie! et je verrai bien s'il y a une justice, atchie! (*Il sort au moment où Phanor entre par la gauche.*)

SCÈNE V.

PHANOR, *traversant la scène en courant.* Mes bons messieurs, s'il vous plaît, vous n'auriez pas vu mon âne... une bête superbe... Y s'nomme Coquet. C'est moi qui suis son maître, Phanor Criquet, pour vous servir. Si passe par cheux vous, veuillez me le rapporter, y gna dix sous de récompense... (*S'apercevant qu'il est seul.*) Tiens, où sont-ils donc passés? (*Regardant par la fenêtre.*) Ah! je les vois. (*Il enjambe la fenêtre, John paraît au dehors et le saisit par le pan de son habit.*)

JOHN. Ohâ! vô! il était un malfaiteur.

CRIQUET. Vous avez bien compris. C'est li qu'est Coquet, c'est moi qu'est Phanor, serviteur! (*Il s'éloigne en courant et laisse une basque de son habit entre les mains de John.*)

SCÈNE VI.

JOHN, *seul, puis* SALSIFIS.

JOHN, *après avoir considéré attentivement le morceau de drap, le jette.* Oha! cette petite jeune homme il avait oublié l'habit de lui! oh! yès. (*Il disparaît.*)

SALSIFIS, *portant une pile d'assiettes, entre par la droite et se dirige vers le fond en courant; il se heurte contre John, qui à ce moment reparaît à la porte du fond. Les assiettes tombent sur le plancher et se brisent.*

JOHN, *se retournant à peine.* Oha! je croâ que lui avait cassé les assiettes, yès. (*Il entre à gauche.*)

SALSIFIS, *furieux, le poursuivant.* L'imbécile! (*Au moment où John referme la porte, Salsifis lance un coup de poing qui arrive en plein sur le panneau; il pousse un cri de douleur et fait plusieurs sauts sur la scène en se tenant la main et en criant :* Oh! la! la! aïe! aïe... Oh! Tu me payeras celà! oh! la! la! (*Il se calme, pousse les tessons dans un coin avec le pied et branlant la tête.*) Au fait! elles étaient sales! c'est besogne faite! (*Venant au premier plan lentement et d'un air réfléchi.*) Que la vie est lourde! J'ai de l'esprit comme quatre : à quoi cela me sert-il? En vérité, je n'en sais rien. Et pourtant, j'ai tout ce qu'il faut pour faire un cuisinier accompli. Noble ambition que la mienne; mais je suis né le treize, un vendredi. Pauvre Salsifis! (*Il se regarde complaisamment, se caressant le menton.*) Avoue cependant, mon cher, que tu ne ferais pas mal dans un salon. (*Souriant.*) Avec un habit bleu barbeau à boutons de cuivre, des gants de filoselle et une belle cravate de coton à pois bleus et rouges !

SCÈNE VII.

LE MÊME, MAURICE *entrant à pas lents ; il réfléchit.*

MAURICE, *se parlant à lui-même.* Je suis perdu !... Non... si... non... Ah bah ! après tout, mon père ne sera de retour que demain. D'ici là, les choses s'éclairciront. Cependant je suis loin d'être tranquille. Si je pouvais trouver un moyen quelconque de me débarrasser de...

SALSIFIS. Oui, un habit ; je serais bien dans un habit !

MAURICE, *qui a entendu les dernières paroles de Salsifis.* Je tiens mon moyen. Il s'agit de faire endosser à ce jeune drôle mes habits. J'endosse les siens, et je le lance entre les jambes de ceux qui me poursuivent. Il payera pour moi, car on ne nous connaît pas plus l'un que l'autre. C'est entendu. Prenons-le par son faible pour le décider à suivre mes volontés. (*Haut.*) Tiens ! que fais-tu là, Salsifis?

SALSIFIS, *sérieusement.* Je réfléchis.

MAURICE. Vraiment?

SALSIFIS. Cela vous étonne ?

MAURICE. Non. C'est le contraire qui m'étonnerait. (*A part.*) C'est bien mon affaire. (*Il le prend par les épaules, le fait pirouetter et l'examine.)* Attends un peu. Sais-tu que tu es joliment tourné, mon gaillard ?

SALSIFIS, *se rengorgeant.* Vous trouvez?

MAURICE. Franchement, oui! *(A part.)* Entamons la chose hardiment. *(Haut.)* Salsifis, comment trouves-tu que j'ai passé mon temps depuis huit jours que je suis en vacances chez mon père?

SALSIFIS, *étonné.* Mais... pas trop mal... entre nous, vous ne vous êtes guère amusé cependant.

MAURICE. Que veux-tu? l'occasion m'a manqué. *(A part.)* Il ne sait rien. *(Haut.)* C'est étonnant tout de même, Salsifis, plus je te regarde...

SALSIFIS. Eh bien, monsieur?

MAURICE. Plus je te trouve l'air d'un gentilhomme.

SALSIFIS. Est-ce possible !

MAURICE. Oui, mon cher.

SALSIFIS, *à part.* Mon cher, il m'a appelé mon cher. *(Haut.)* Oh! monsieur, vous êtes bien bon.

MAURICE. C'est aujourd'hui la fête de ce village, Salsifis.

SALSIFIS. Oui, monsieur. Elle est fort belle. Il y a une femme géante et un veau à deux têtes. Je vous assure que ce doit être très-beau tout cela.

MAURICE. Tu me plais, Salsifis, et si tu veux...

SALSIFIS. Je veux tout ce qui fera plaisir à monsieur.

MAURICE. Mon père est parti à la ville.

SALSIFIS. Oui, avec son cuisinier, pour présider le

dîner de la société de.... chose.... Comment ça s'appelle-t-il donc ?

MAURICE. La société d'agriculture.

SALSIFIS. C'est bien ça.

MAURICE, *confidentiellement*. Si nous profitions de ces deux circonstances pour nous amuser?

SALSIFIS, *répétant*. Nous amuser !

MAURICE, *appuyant*. Comme des gentilshommes. (*A demi-voix*.) Comprends-tu ?

SALSIFIS, *regardant de tous côtés*. Oui, je comprends. (*Bas*.) Je ne comprends pas encore, mais ça viendra.

MAURICE. Mais j'y songe, tu es encore bien jeune, bien que tu aies l'apparence d'un homme....

SALSIFIS, *sautant*. Je suis prêt à tout. Que faut-il faire?

MAURICE. Cherchons !

SALSIFIS. Oui, cherchons.

MAURICE. Avec ton intelligence, on doit avoir des idées à ne savoir qu'en faire.

SALSIFIS. C'est vrai, mais vous êtes mon maître.

MAURICE. En ce moment, je suis ton camarade.

SALSIFIS. Vrai, monsieur ?

MAURICE, *faisant semblant de chercher*. Voyons ! hum ! hum !

SALSIFIS. Avez-vous trouvé ?

MAURICE. Peut-être !

SALSIFIS, *battant des mains*. Quelle chance !

MAURICE, *riant.* J'ai trouvé! sais-tu le grec? Non. Eh bien! *Euréka!*

SALSIFIS. *Euréka!* ah! oui, *Euréka.* C'est bien drôle tout de même. *Euréka*, oui, monsieur, oui, oui, oui, oui, *Euréka.*

MAURICE. Oh! l'excellente farce ce sera! Mais ris donc!... encore!

SALSIFIS, *riant.* Oui, ce sera bien amusant. (*Sérieux.*) Maintenant que j'ai ri, dites-moi....

MAURICE, *l'interrompant.* Écoute. (*Avec mystère*) Personne ne connait mon visage. Le tien n'est guère plus connu. Eh bien, voici ce que nous allons faire. Je vais te passer mes habits et prendre les tiens. Tu iras te promener dans le village, au milieu de la fête, en te donnant pour le fils de M. de Sainte-Marie, et tu auras soin de distribuer des coups de chapeau et des poignées de main à tous ces braves paysans; pendant ce temps je te regarderai de loin et nous rirons bien, je te le promets, de la crédulité de ces braves gens. Cela te va-t-il?

SALSIFIS, *se rengorgeant et faisant une pirouette.* C'est admirable. (*A part.*) Je ne serai pas fâché de tâter d'un peu de considération, de passer pour un monsieur.

MAURICE. Je suis sûr que tu n'oseras pas.

SALSIFIS. Moi! oh! monsieur!

MAURICE. Après tout, l'audace n'est pas donnée à tout le monde.

SALSIFIS. Votre habit, et vous verrez ensuite.

MAURICE, *à part*. Ça va mieux que je ne l'espérais. (*Haut.*) Réfléchis, car une fois entré dans ton rôle, il faudra t'y tenir envers et contre tous et quoi qu'il arrive.

SALSIFIS. Certainement, certainement, votre habit.

MAURICE. Ta voix tremble.

SALSIFIS. Vous faites erreur, votre habit.

MAURICE. Mon cher, je connais plus d'un fils de famille qui donnerait la moitié de sa fortune pour te ressembler, avoir ta distinction et ta tournure.

SALSIFIS. Je le crois bien, puisque vous me le dites. Votre habit, monsieur, votre habit! (*Il ôte sa veste.*)

MAURICE, *ôtant son habit*. Puisque tu le veux, mon ami, procédons à notre toilette.

SALSIFIS *lui donne sa veste, son tablier et son bonnet de coton. Ils s'habillent*. Ce ne sera pas long. Gilet, habit, cravate, j'ai l'air d'un seigneur.

MAURICE, *achevant de se costumer*. Et moi d'un marmiton.

SALSIFIS. C'est à s'y méprendre. (*Se mirant dans la glace.*) Ai-je l'air comme il faut! (*Il se promène en faisant des mines.*) « John, prépare mon cheval; bonjour, bonjour, bonnes gens. » Est-ce cela?

MAURICE, *riant*. A merveille! Et moi : « Monsieur veut-il manger à son déjeuner un perdreau truffé, un turbot, un lièvre? (*Avec importance.*) Le dîner de Môssieu est servi! » (*Ils éclatent de rire.*)

SALSIFIS, *qui a les yeux tournés vers la fenêtre*. Monsieur Maurice! Monsieur Maurice! Voici deux messieurs fort bien mis, ma foi, qui traversent la grande allée.

MAURICE, *regardant.* En effet. John les dirige de ce côté. (*A part.*) Il était temps ! (*Haut.*) Salsifis, c'est le moment de nous montrer.

SALSIFIS, *se dirigeant vers la porte.* Cachons-nous.

MAURICE, *le retenant par le bras.* C'est ainsi que tu débutes ?

SALSIFIS. Dam ! je voudrais savoir ce qui les amène.

MAURICE. Peu importe ! (*Allant à la fenêtre, à part.*) Ces deux personnages m'intriguent, cependant.

SALSIFIS. J'aurai du courage.

MAURICE. Je compte sur toi. Tenons-nous à l'écart un instant. J'ai besoin de te donner mes dernières instructions. (*Il pousse Salsifis à droite, entre lui-même, et laisse la porte entre-bâillée afin de pouvoir observer.*)

SCÈNE VIII.

JOHN, *entrant, puis* M. DUFLOT *et* GROSSOMODO.

JOHN, *parlant à la cantonade.* Yès, milords, M. de Sainte-Marie, il était parti pour tioute la journée. (*Il introduit M. Duflot et Grossomodo.*)

GROSSOMODO, *essoufflé.* Ouf ! il fait une chaleur épouvantable !

M. DUFLOT. Alors, prévenez son fils, le jeune Maurice de Sainte-Marie.

JOHN. Yès, milord. (*Il salue et sort.*)

SCÈNE IX.

M. DUFLOT, GROSSOMODO.

M. DUFLOT. Je me fais une fête de surprendre mon filleul. Comme il doit être grandi depuis dix ans que je ne l'ai vu, ce cher enfant!

GROSSOMODO. Tout petit, si monsieur s'en souvient, il était déjà le portrait vivant de sa mère. Il y a juste dix ans que monsieur n'a vu monsieur Maurice.

M. DUFLOT. Oui; madame de Sainte-Marie, ma sœur, venait de mourir quand je partis. Depuis qu'elle n'est plus, mon affection pour Maurice a grandi. Sais-tu, Grossomodo, que c'est mon seul héritier aujourd'hui? Il est juste que je l'aime. Qu'en dis-tu? (*À Grossomodo, qui depuis un moment va et vient d'un air inquiet.*) Qu'as-tu donc à regarder de la sorte?

GROSSOMODO. Je m'inquiète de savoir de quelle façon on va nous recevoir, et je songe au déjeuner... de monsieur. (*À part, soupirant.*) Et au mien, par conséquent. (*S'asseyant et se parlant à lui-même.*) Ma santé délicate ne me permet aucune privation.

M. DUFLOT, *allant à la fenêtre.* Que je vais être heureux de le revoir! (*Il regarde dans le parc.*)

MAURICE, *passant la tête par la porte entre-bâillée, à part.* Impossible de savoir qui ils sont. (*À Salsifis,* [illegible]) dans le tour par le jardin ; moi, je [illegible] le terrain en attendant.

[illegible], *à lui-même.* L'hygiène prescrit d'être [illegible] dans ses repas, de manger des viandes succu[illegible], de boire de bon vin ; le vin est le lait des [illegible].

SCÈNE X.

LES MÊMES, MAURICE *entrant.*

[illegible], *à part.* De l'audace!

[illegible], *revenant en scène.* Il doit être beau, [illegible], intelligent. Si je suis content de lui, je l'em[illegible] en Suisse. (*Apercevant Maurice qu'il prend [illegible] marmiton.*) Ton maître tarde bien, mon [illegible]

[illegible], *saluant.* M. Maurice, voulez-vous dire?

[illegible]. Oui, ce cher enfant, j'ai hâte de le [illegible].

[illegible], *étonné, bas.* Le revoir? Il m'a donc déjà [illegible]

[illegible], *à Grossomodo.* Ce jeune marmiton a [illegible] très intelligent.

[illegible]. Sa figure est distinguée.

[illegible], *cherchant à se souvenir.* Je m'y perds.

[illegible], *apercevant Salsifis, qu'il prend pour [illegible]rice.* Ah! voici mon filleul!

MAURICE, *atterré, à part.* Ai-je bien entendu? mais non. Quoi! mon oncle!

M. DUFLOT *à Grossomodo, d'un air satisfait.* Vois, Grossomodo, hein, qu'en dis-tu, mon ami?

GROSSOMODO, *de même.* Oui, oui, monsieur. (*A part.*) Il n'est pas difficile. Je sais qu'un père trouve toujours son fils irréprochable, mais un oncle... ce que c'est que le lien du sang, cependant!

M. DUFLOT, *à Maurice, qui ne sait s'il rêve et regarde de tous côtés.* Jeune homme, retournez à vos fourneaux. Votre place n'est pas ici.

MAURICE, *balbutiant.* A mes fourneaux. Ah! oui. (*Il salue. A part.*) Dans quel guêpier me suis-je fourré! (*Il sort la tête basse.*)

SCÈNE XI.

M. DUFLOT, GROSSOMODO, SALSIFIS.

M. DUFLOT. Mon enfant, voulez-vous m'embrasser?

SALSIFIS. Qui êtes-vous?

M. DUFLOT. M. Duflot.

SALSIFIS. M. Duflot?

M. DUFLOT, *étonné.* Vous paraissez ne pas me connaître?

SALSIFIS. Dame! on voit tant de monde tous les jours.

M. DUFLOT. Mon nom ne peut pas vous être inconnu? N'êtes-vous pas Maurice de Sainte-Marie?

SALSIFIS, *avec aplomb*. Au contraire, monsieur, au contraire, je le suis. D'ailleurs, ça se voit à mon air. (*Il se pose. A part.*) Est-il curieux, au moins!

M. DUFLOT, *qui a regardé Grossomodo*. Mais je suis votre oncle et votre parrain.

SALSIFIS, *se jetant dans les bras de M. Duflot*. Oh! alors, c'est différent. Embrassons-nous. Mon oncle, mon parrain, je vous reconnais à présent.

M. DUFLOT. Vous me reconnaissez? Ça n'est pas possible. Vous aviez à peine cinq ans lorsque je vous vis pour la dernière fois.

SALSIFIS. J'ai une excellente mémoire, à preuve que je me rappelle mes lectures mot à mot. Ainsi, tous les almanachs qui me tombent sous la main, je les apprends par cœur, afin de devenir savant.

M. DUFLOT. J'imagine que votre instruction ne s'est pas formée uniquement dans les almanachs. A votre âge, on est familier avec les classiques...

SALSIFIS. Les classiques! je ne fréquente pas ces sortes de gens.

MONSIEUR DUFLOT, *stupéfait*. Suis-je bien éveillé? (*Il s'assied découragé et interroge du regard Grossomodo.*)

GROSSOMODO, *à part, gêné*. Ma position est embarrassante. Notre cher neveu me fait l'effet d'un pauvre garçon. (*Il se promène pensif sur le devant du théâtre.*)

SALSIFIS, *à part, s'asseyant*. Je produis un effet capital. (*Il s'évente avec son mouchoir.*)

SCÈNE XII.

Les Mêmes, MAURICE. *Il entre à pas de loup et se cache derrière le fauteuil sur lequel Salsifis est assis.*

MAURICE, *à part.* Pourvu que le drôle n'ait pas déjà fait quelque sottise! (*Bas à Salsifis, le tirant par le bras.*) Sois à la hauteur de ton rôle, sans quoi nous sommes perdus.

SALSIFIS, *bas.* Il est charmé de mon esprit.

MAURICE, *à part.* Vraiment? (*Ils se parlent bas pendant que monsieur Duflot reste pensif.*)

MONSIEUR DUFLOT, *à part.* Ma pauvre sœur, est-ce bien là ton enfant? Ah! comme on voit bien que la tendresse d'une mère a manqué à son éducation!

GROSSOMODO, *s'esquivant sans être vu.* (*A part.*) Allons faire un tour de jardin. Je ne suis pas à mon aise ici. (*Il sort.*)

SCÈNE XIII.

MONSIEUR DUFLOT, MAURICE, *caché derrière le fauteuil de Salsifis*, SALSIFIS.

MONSIEUR DUFLOT, *à part.* Je veux en avoir le cœur net, je veux savoir à quoi m'en tenir sur mon neveu. Le pauvre enfant! il a l'air d'une ignorance! (*Haut à Salsifis.*) Voyons, mon cher Maurice, maintenant que nous avons fait connaissance et que nous sommes tout-à-fait seuls, causons un peu de vous, de votre avenir, de votre instruction, de ce que vous avez appris, (*souriant à demi*) de ce que vous n'avez pas appris. Votre père vous a sans doute souvent répété que le parrain Duflot s'intéresse vivement à son filleul, à l'enfant de sa sœur, sur lequel il a reporté tout l'amour qu'il avait pour cette sœur chérie.

SALSIFIS. Oui, mon oncle, mon père m'a dit que ma mère était la sœur de son frère, et que...

MAURICE, *bas à Salsifis.* Ne réponds que lorsque l'on t'interrogera.

SALSIFIS, *haut.* Mon oncle, je ne répondrai que lorsque vous...

MAURICE, *même jeu.* Tais-toi donc!

MONSIEUR DUFLOT, *qui n'a pas entendu la réponse de Salsifis.* Oui, causons de vous seul. Vous êtes heureux, il est aisé de s'en apercevoir, vous êtes heureux d'être libre, d'avoir congé.

SALSIFIS, *haut.* Pour ça, on peut le dire. Toujours entre quatre murs; une chaleur! une vraie cuisine, quoi!

MAURICE, *lui prenant le coude, bas.* Te tairas-tu, animal?

MONSIEUR DUFLOT. En effet, ce sont là les plaintes habituelles. Mais le travail adoucit cette espèce de captivité, d'esclavage dont se plaignent les jeunes gens. Voyons, mon enfant, quelles sont les langues que vous connaissez?

SALSIFIS, *avec volubilité.* Langue de veau, langue

de mouton, langue de bœuf farcie, langue piquée... c'est un excellent plat, estimé des...

MONSIEUR DUFLOT. Vous ne m'avez pas compris; par ce mot j'entends les langues latine, grecque, anglaise, etc.

SALSIFIS. Grecque, latine! Ah! le chef ne nous a jamais parlé de ça.

MONSIEUR DUFLOT. Le chef! vous voulez dire le professeur; celui qui vous montre la grammaire.

SALSIFIS. Hélas! m'a pauvre grand'mère, je ne l'ai jamais connue. J'étais si jeune quand elle mourut!

MAURICE, *à part*. Le butor!

MONSIEUR DUFLOT. Mon enfant, je me suis sans doute mal exprimé. Je ne voulais pas vous rappeler un douloureux souvenir.

SALSIFIS. C'était une bien brave femme, à ce qu'on m'a dit.

MONSIEUR DUFLOT, *à part*. Quel langage!

SALSIFIS, *à Maurice*. Il est enchanté de ma réponse.

MAURICE, *à part*. Je suis sur des charbons ardents!

MONSIEUR DUFLOT, *haut*. Voyons, une question au hasard... Quel a été le premier roi de France?

MAURICE, *bas*. Pharamond.

SALSIFIS. Pharaon.

MONSIEUR DUFLOT. Comment! Pharaon?

SALSIFIS. Oui, Pharaon, celui que Moïse a sauvé des eaux.

MAURICE, *à part, se prenant la tête à deux mains.* Cela fait dresser lès cheveux sur la tête.

MONSIEUR DUFLOT. Voilà qui est vraiment surprenant.

SALSIFIS, *bas à Maurice.* Vous entendez, il est surpris, émerveillé.

MAURICE. Ah coquin! tu me le payeras.

MONSIEUR DUFLOT. Passons à une autre question. Qu'entendez-vous par une olympiade?

MAURICE, *bas.* Un espace de quatre ans.

SALSIFIS, *avec assurance.* Une espèce de cadran.

MAURICE, *frappant du poing le siége sur lequel est assis Salsifis.* Oh! le misérable!

MONSIEUR DUFLOT, *à part.* Il est ému sans doute. (*Haut.*) Citez-moi deux amis fameux dans l'antiquité.

SALSIFIS. Deux amis fameux dans la tiquité.

MONSIEUR DUFLOT. Dans l'an-ti-qui-té.

SALSIFIS. J'entends bien, j'entends bien : dans l'a-t-il quitté... Deux amis fameux dans l'a-t-il quitté?

MAURICE, *bas.* Oreste et Pylade.

SALSIFIS, *vite.* Oreste et Pilate.

MONSIEUR DUFLOT, *découragé.* C'est de plus fort en plus fort!

SALSIFIS, *bas à Maurice.* Vous avez entendu! Il dit que je suis très-fort.

MAURICE, *branlant la tête.* Oh oui!

SALSIFIS, *bas, affirmant.* Oh oui!

M. DUFLOT. Passons à l'histoire romaine.

SALSIFIS, *vite*. Romaine, chicorée, pissenlit, barbe de capucin.....

MAURICE, *le poussant, bas*. Misérable! Te tairas-tu?

SALSIFIS, *qui a entendu la dernière syllabe seulement*. Ah! oui, et laitue.

M. DUFLOT. Quel désordre dans ses idées! Continuons cependant. Quel était le ministre de Tibère?

MAURICE, *bas à Salsifis*. Séjan.

SALSIFIS. Le ministre de Tibère!... ah!... mon oncle, c'est un nom bien connu, c'est, c'est Jean.

MAURICE, *furieux, bas*. Le maroufle! Il travaille à me faire passer pour un crétin.

M. DUFLOT. De quoi mourut Socrate?

MAURICE, *bas à Salsifis*. De la ciguë.

SALSIFIS, *ne le laissant pas achever*. De lassitude.

MAURICE, *se frappant la tête, bas*. Le sot!

SALSIFIS, *répétant*. Le sot!

M. DUFLOT, *découragé*. Cela dépasse l'imagination. Pauvre cervelle!

SALSIFIS, *à Maurice*. Il est ravi. Je fais un effet superbe.

M. DUFLOT. Allons jusqu'au bout. Quel est le plus connu des sages de la Grèce?

MAURICE, *bas*. C'est Solon, Solon.

SALSIFIS. C'est selon, c'est selon.

MAURICE, *bas*. Le misérable! Il le fait exprès.

[illegible] Quel est le personnage le plus connu de [illegible]

[illegible], haut. Le personnage le plus connu de cette rue-ci?

[illegible] le Grand.

[illegible] De cette rue-ci, c'est le père Legrand, au coin, à gauche.

[illegible], *s'éloignant à grands pas, à part.* Décidément mon cher neveu divague.

[illegible] Tiens, [illegible] (*Il le pince.*) [illegible]

[illegible]. Aïe, aïe, aïe!

[illegible], *revenant.* Qu'avez-vous donc?

[illegible], *balbutiant.* C'est que... j'ai cru... c'est-à-... (*Riant.*) Figurez-vous que j'ai vu une souris, et [illegible] peur. (*A part, satisfait.*) Bien trouvé.

[illegible], *à part.* Il est fou, en vérité. (*Haut.*) Vous [illegible] entendu parler de Marengo?

[illegible], *très vite.* Poulet à la Marengo? Dépecer [illegible] comme pour la fricassée, le mettre dans [illegible] casserole avec du sel fin, un quart d'huile et un [illegible] ajouter des champignons tournés ou [illegible] coupées en lames; dresser le poulet [illegible] joindre des œufs frits, des croûtons, et [illegible] (*[illegible]*)

[illegible], *se [illegible]. Il parcourt le théâtre avec* [illegible] ce chagrin m'était-il réservé? Mon Dieu!

SALSIFIS, *à Maurice.* Je vous ai posé de la meilleure façon.

MAURICE, *bas, le menaçant.* Ah! nous aurons un compte à régler ensemble.

M. DUFLOT. Je ne puis rester ici plus longtemps. Venez, mon neveu, venez faire un tour de jardin. (*A part.*) Ce n'est pas sa faute, après tout, à cet enfant, si la nature a été avare envers lui. Ménageons-le. (*Haut.*) Venez, Maurice.

SALSIFIS. Je vais vous faire voir tout ce qu'il y a de curieux ici, mon oncle. Nous allons d'abord visiter l'office, puis la cabane aux lapins.

M. DUFLOT. Passez. Je me laisse diriger par vous.

MAURICE. Quel supplice! bon Dieu!

SCÈNE XIV.

MAURICE, *seul.* (*Il sort de sa cachette et les regarde s'éloigner.*)

Si, au lieu de céder à l'amour-propre, je m'étais d'abord fait connaître à mon oncle, tout cela ne serait pas arrivé. Maintenant que les voilà seuls, Salsifis va certainement m'achever. (*Réfléchissant.*) Comment faire pour que mon parrain... non, il faut absolument que j'attende le retour de mon père; je lui conterai tout, et il sera mon avocat auprès de mon oncle. Oui, mais en attendant, j'abuse de la crédulité d'un homme que j'aime et que je voudrais embrasser tout à mon aise. Il est si bon, mon parrain! Quand j'étais tout petit, il me faisait sauter sur ses genoux, me comblait de caresses, de jouets et de gâteaux. Comme ma pauvre mère l'aimait... Oh! décidément, je suis bien coupable... Ce que c'est pourtant qu'une première faute! une première faute en amène une seconde. On voudrait s'arrêter, on ne le peut pas... *(Il reste pensif.)*

SCÈNE XV.

LE MÊME, GROSSOMODO.

GROSSOMODO, *lui tirant les oreilles.* Eh bien! jeune homme, nous sommes plongé dans la méditation? Aurions-nous en tête quelque sauce nouvelle?... Or çà, parleras-tu?

MAURICE, *blessé.* Monsieur!

GROSSOMODO, *raillant.* Monsieur de la marmitonnerie, vous aurais-je offensé?

MAURICE. Peut-être.

GROSSOMODO. Oh! alors, daignez m'excuser. *(Il salue ironiquement jusqu'à terre.)*

MAURICE. Assez, je vous prie, ou sinon...

GROSSOMODO. Oh! oh! nous nous fâchons?

MAURICE, *à part.* J'oubliais mon rôle.

GROSSOMODO. Apprenez que j'ai faim, mon ami.

MAURICE. Après?

GROSSOMODO. Vous ne comprenez pas?

MAURICE. Si fait. Vous voulez que je vous prépare...

GROSSOMODO. Un déjeuner succulent. Succulent, vous entendez?

MAURICE, *avec intention*. Comptez sur moi.

GROSSOMODO. A la bonne heure.

MAURICE. Jamais vous n'aurez rien mangé de pareil.

GROSSOMODO, *se dirigeant vers la porte*. Fort bien, e vais me mettre à table.

MAURICE, *fausse sortie*. Et moi à mes fourneaux! Au fait, je tiens ma vengeance. *(Revenant vivement en scène.)* On vous a dit sans doute que je suis le meilleur cuisinier du canton, et que lorsque mes sauces ne sont pas les plus appétissantes du monde, c'est qu'il y a eu de ma part négligence ou mauvaise volonté.

GROSSOMODO. Ah!

MAURICE. Alors, je vous conseille de ne pas me ménager... de bons soufflets, cinq ou six coups de bâton m'ont bientôt mis à la raison.

GROSSOMODO, *avec étonnement*. Voilà qui est singulier.

MAURICE. Surtout n'oubliez pas les oreilles, c'est mon endroit sensible.

GROSSOMODO. Marmiton de mon cœur, vous serez content.

MAURICE, *à part*. Ah! Salsifis, Salsifis! *(A Grossomodo.)* Quelques horions, quelques coups de pied par-ci, par-là, vous m'entendez?

GROSSOMODO. A merveille, rien n'y manquera. A

[illegible], voulez-vous que nous commencions tout de suite?

MAURICE, *vivement*. Oh! non, cela ne serait pas la même chose; mais tout à l'heure, tant qu'il vous plaira. Pif, paf, ne m'épargnez pas.

GROSSONORD. Jeune homme, vous serez satisfait. (*Il sort en riant.*)

SCÈNE XVI.

MAURICE, SALSIFIS.

MAURICE, *serrant les poings, mais dissimulant*. Ah! [illegible]. Eh bien, es-tu content de toi?

SALSIFIS. Content! dites donc ravi, enchanté.

MAURICE. C'est ce que je voulais dire. Et mon... et ton oncle, où l'as-tu laissé?

SALSIFIS. Il désire se promener seul, un instant, dans le jardin. Ma conversation l'a tellement ému... Il est touché, cet homme, il est touché. Si vous l'aviez entendu dire : Ah! oh!... Ah, monsieur! qu'il [illegible] pour avoir de l'esprit! (*Il s'évente.*)

MAURICE. Sois tranquille, Salsifis, je songe à te récompenser, et je m'en occupais quand tu es entré.

SALSIFIS. Monsieur est trop bon, et ma reconnaissance...

MAURICE. Il n'y a pas de quoi, mon ami; tiens, retourne auprès de M. Duflot, tu es trop amusant pour qu'il ne s'ennuie pas en ton absence.

SALSIFIS. J'y vais, monsieur, j'y vais. (*Il sort en courant.*)

MAURICE. Et moi, à mes fourneaux. Ah, pendard ! je te prépare un plat de ma façon. (*La toile tombe.*)

FIN DU PREMIER ACTE.

ACTE DEUXIÈME

Même décor.

—

SCÈNE PREMIÈRE

MAURICE, *entrant. Il porte un panier, qu'il pose sur le parquet, et duquel il tire successivement des casseroles, des plats et divers comestibles.*

Ah! vous voulez déjeuner, monsieur l'affamé?... Fort bien! il sera fait selon votre désir. Mieux que cela, je vous saurai un gré infini de m'avoir procuré l'occasion de me venger de ce maudit Salsifis, qui commet en mon nom sottises sur sottises. Franchement, je n'avais pas prévu que mon oncle tomberait ici tout à coup... (*Se croisant les bras.*) Quel sera le dénoûment de tout cela? Hum! je crains bien que... (*D'un air décidé.*) Bah! En attendant, j'ai mon projet relativement à Salsifis. Il faut que ma cuisine soit à la hauteur de sa science... j'ai fort à faire. Voyons le menu. (*Il lit une note.*) Procédons par ordre. Côtelettes nature... c'est-à-dire crues; voilà! (*Il met la côtelette sur une assiette.*) Du sel et du poivre ne seraient pas déplacés. (*Il la saupoudre de sel et de *poivre.* — *Lisant.*) Petits pois au jus... au jus? Ah! au jus de réglisse! Précisément, j'en ai sur moi. (*Prenant une boîte dans sa poche et la vidant sur les pois dans une casserole.*) Allez donc! Et du sel! et du poivre! et du vinaigre! et du sucre! et de l'ail!... S'il n'est pas content, je le tiendrai pour un estomac délicat. Passons à... (*Lisant.*) Omelette soufflée... Ici vraiment l'auteur s'embarrasse. Pour faire une omelette, prenez des œufs... voici... cassez-les... (*Il casse les œufs.*) Bon!... brouillez-les... fort bien. Tout cela constitue une omelette à l'état d'ébauche, mais le coup du maître? (*Il souffle avec la bouche.*) Ce n'est pas ça. Ah! l'âme de Brillat-Savarin m'illumine! (*Il va prendre le soufflet à la cheminée et revient souffler sur les œufs.*) Eh quoi! insensible omelette, rien ne te fait? Quand tu seras sur le feu, nous verrons bien. (*Lisant.*) Raie au beurre noir... (*Il prend l'encrier et en verse le contenu dans le plat.*) Cela fera du beurre noir d'une qualité supérieure, l'encre est superfine. Les épinards au gras terminent la liste. Au gras!... hum! hum!... j'y suis... je prendrai de l'huile dans la lampe, et avec soin la répandrai sur les épinards, qui, charmés de cela, ouvriront des yeux superbes pour attester qu'ils sont au gras... Mais j'ai ménagé le sel; n'en soyons point avare. (*Il verse le contenu d'une salière sur les différents mets.*) Et de la moutarde! (*même jeu*) et du poivre! (*même jeu*). C'est ce qui donne du relief aux aliments; aussi, prodiguons-le. Encore! toujours! Là!... Cet homme doit avoir le palais usé, les épices lui conviendront. Sur ce, je cours à la cuisine. (*Mettant le panier sous son bras.*) Ombre du grand Vatel, voile-toi la face! (*Au moment où il va franchir la porte, Ricarac entre.*)

SCÈNE II.

LE MÊME, RICARAC.

[illegible], *laissant tomber son panier, à part.* [illegible] homme aux marionnettes!

[illegible]. Cadédis! jeune homme, je suis bien aise [illegible] rencontrer.

[illegible], *à part.* Pas moi. (*Haut.*) Et moi pareille[illegible] monsieur. (*Reprenant son panier et s'en al*[illegible]) Mais je suis pressé... Il faut...

[illegible], *le retenant par le bras.* Cadédis, mon pe[illegible] un instant...

[illegible], *à part.* Je voudrais bien m'en aller. (*Haut,* [illegible]*gardant dans son panier.*) Que vois-je! l'omelette [illegible] allée rendre visite à la côtelette, tandis que celle-ci [illegible] prélasse sur la raie, qui [illegible] avec les épi[illegible] Laissez-moi, au nom du ciel! (*D'un ton solen*[illegible]) [illegible] s'agit de mon honneur!

[illegible], *le prenant par le bras.* Jeune homme, je [illegible] tranche une oreille, je vous supprimé lé nez et [illegible] crève un œil si...

[illegible], *effrayé.* Si...

[illegible]. Si vous ne me dites tout de suite où se [illegible] le jeune Maurice.

[illegible], *à part.* Ouf! je respire! il ne me recon[illegible] (*Haut.*) Monsieur, je ne sais quel usage vous [illegible] de l'indiscrétion... (*Apercevant Salsifis*[illegible] *qui entre en ce moment d'un air important, il dit à Ricarac, avec mystère :)* Justement, monsieur, le voici.

RICARAC. Cadédis ! jé lé réconnais à ses habits.

SCÈNE III.

LES MÊMES, SALSIFIS.

SALSIFIS, *faisant des mines.* M. Duflot est de plus en plus enchanté de ma personne.

MAURICE, *à Salsifis, lui faisant des signes.* Attention !

SALSIFIS, *dédaigneux, toisant Ricarac.* Que veut cet homme ?

MAURICE, *bas à Ricarac, d'une voix creuse, indiquant Salsifis.* Il est fou !

RICARAC, *stupéfait.* Cadédis !

MAURICE, *bas à Salsifis, lui indiquant Ricarac, même jeu.* Il est fou !

SALSIFIS, *effrayé.* Bah ! *(Maurice sort en courant.)*

SCÈNE IV.

SALSIFIS, RICARAC. *(Ils s'examinent à la dérobée pendant quelque temps.)*

RICARAC, *à part.* Fou !

SALSIFIS, *de même.* Les fous sont fort dangereux.

RICARAC, *tombant sur lui à l'improvistè, le saisit au collet et le secoue rudement.* Jé vous tiens cetté fois, mon pétit muguet.

SALSIFIS. Grâce ! (*A part.*) C'est un fou furieux !

RICARAC, *lui serrant la gorge.* Rends-moi mon Pierrot, pétit drôle.

SALSIFIS, *se débattant.* Monsieur, revenez à la raison, vous m'étranglez.

RICARAC, *s'échauffant.* Mon Pierrot, te dis-je ; c'était mon plus bel acteur.

SALSIFIS. Soyez plus calme. (*A part.*) On devrait enfermer ces gens-là !

RICARAC. Cetté pierré qué tu lui as lancée en pleiné poitriné mé l'a ravi à jamais.

SALSIFIS. Ne me serrez pas si fort ; je n'ai tué personne. Aïe ! aïe ! Oh ! la ! la !

RICARAC. Sandis ! cadédis ! jé veux té traîner dévant les tribunaux.

SALSIFIS, *le regardant effrontément.* Quelle plaisanterie !

RICARAC. Cadédis ! jé né plaisanté pas. Attendez... (*Il lâche Salsifis et fouille dans ses poches ; il en retire les morceaux d'une marionnette.*) Où êtes-vous, infortunée victimé?... pauvré cher ami...où étés-vous ?.. vénez...

SALSIFIS, *à part, haussant les épaules.* Pauvre homme, être ainsi privé de la raison ! Comment faire pour me débarrasser de lui ?... si je l'effrayais ?

RICARAC, *lui montrant le Pierrot.* Le reconnais-tu,

bandit, vaurien, misérable ?

SALSIFIS, *éclatant de rire.* Ce n'est que ça ! un pantin ! ha ! ha ! ha !

RICABAC, *furieux.* Comment ?

SALSIFIS, *avec impertinence.* Bonhomme, j'ai bien envie de vous faire jeter à la porte par mes gens.

RICABAC, *menaçant.* Toi, fréluquet ?

SALSIFIS. Savez-vous, monsieur, à qui vous avez l'honneur de parler ?

RICABAC. Et vous, monsieur, à qui vous avez affaire ?

SALSIFIS. A un fou, ce n'est pas difficile à deviner.

RICABAC. Par le sang de mes ancêtres !... Ah ! je suis fou ! Attends ! (*Salsifis se sauve ; il le poursuit et le frappe de sa canne.*) Tiens ! tiens ! pour Pierrot ! tiens ! parce que je suis fou ! Hé donc ! sauté donc ! sauté, mon pétit marmouset !

SALSIFIS, *courant autour de la table.* Aïe ! aïe ! Oh la ! la ! la !

SCÈNE V.

LES MÊMES, GROSBOUFFI *et* TIRELARIGOT, *armés de gourdins.*

RICABAC, *leur faisant signe d'approcher.* Je le tiens, cette fois ; venez, vous autres, m'aider à lui tricoter une bastonnade de premier choix.

GROSBOUFFI, *se précipitant sur Salsifis*. Enfin, il va nous le payer.

TIRELARIGOT, *de même*. Frappez fort, monsieur de Ricarac.

RICARAC. Cadédis! il s'en souviendra. (*Ils le poursuivent et le rossent malgré ses cris.*)

SALSIFIS, *tombant épuisé*. Grâce! (*A Tirelarigot et à Grosbouffi.*) Délivrez-moi. (*Bas.*) Messieurs, cet homme est fou.

TIRELARIGOT, *à Grosbouffi, riant*. Il est fou ?

RICARAC, *à Salsifis*. Vous croyez qué lé fils de M. de Sainte-Marie peut se permettre tout, cadédis!

SALSIFIS, *pleurant*. Je ne suis pas monsieur Maurice, je me nomme Isidore Salsifis, et suis marmiton de mon état.

RICARAC, *à Tirelarigot et à Grosbouffi*. Né croyez pas un mot de cé qué dit cé pétit imposteur.

SALSIFIS, *pleurant*. Je vous jure que je ne vous connais ni les uns ni les autres. (*Il se jette à leurs genoux d'un air suppliant.*)

RICARAC, *se frappant le front*. J'y suis, cadédis! (*Bas à Tirelarigot et à Grosbouffi.*) Il paraît qué lé jeune homme a des moments de folie.

TIRELARIGOT et GROSBOUFFI, *se regardant étonnés*. Lui?

SCÈNE VI.

LES MÊMES, PHANOR CRIQUET.

CRIQUET, *entr'ouvrant la porte et passant la tête*

seulement. Mes bons messieurs, faites excuse, Coquet n'est point ici? Serviteur!...

SALSIFIS. Je connais cette voix-là! (*Il court à la porte.*)

TOUS, *le retenant et le faisant pirouetter sur lui-même*. Il veut nous échapper.

CRIQUET, *reparaissant à la fenêtre*. C'est un fier âne, allez! Y s' nomme Coquet... et moi Criquet. Phanor Criquet... serviteur! (*Il disparaît.*)

TIRELARIGOT, *montrant le poing à Salsifis*. C'est encore une victime de ce gentil monsieur.

SALSIFIS, *étonné*. Une victime à moi, lui?

CRIQUET, *passant de nouveau sa tête par la porte entre-bâillée*. Mes bons messieurs, c'est lui qu'est Coquet, c'est moi qu'est Phanor... serviteur!

SALSIFIS, *courant à la porte*. Sauvez-moi, on m'assassine!

CRIQUET, *refermant vivement la porte*. Si c'est Dieu possible!

SCÈNE VII.

LES MÊMES, *excepté* CRIQUET.

RICARAC. Courons chercher le brigadier.

TIRELARIGOT. Nous allons rire.

GROSBOUFFI. Ne perdons pas une minute. (*Ils sortent.*)

SCÈNE VIII.

SALSIFIS, *seul.*

Aïe! aïe! il m'en souviendra d'avoir voulu me divertir. (*Il se tâte toutes les parties du corps.*) Je suis moulu, aïe! si j'ai compris quelque chose à ce qu'ils me voulaient?... Est-ce quelque farce que mon jeune maître aurait faite! Cela est fort possible. En attendant, le rôle de *Monsieur* me coûte trop cher, je l'abandonne. Monsieur Maurice s'arrangera comme il le pourra avec son oncle et le brigadier. Quant à moi, je redeviens Salsifis comme devant. (*Il se déshabille.*) Aïe! aïe! je ne puis remuer ni bras ni jambes. Oh! là! la! (*Jetant l'habit sur un meuble.*) J'avais pourtant bonne mine sous ce costume... et un esprit, donc! Ah! rien ne donne de l'esprit à un homme comme un habit bien fait!

SCÈNE IX.

SALSIFIS, MAURICE.

MAURICE, *s'arrêtant court.* Que fais-tu donc?

SALSIFIS, *étendant le bras.* Je renonce aux grandeurs.

MAURICE. Pourquoi cela?

SALSIFIS. Elles coûtent trop à mon échine.

MAURICE. Quel soudain mépris des vanités humaines! Je crois voir Charles-Quint abdiquant la couronne et renonçant aux choses de ce monde.

SALSIFIS. Je ne sais ce que vous voulez dire... Aïe! mon dos, mon pauvre dos!

MAURICE. Explique-toi.

SALSIFIS. Vous savez bien, l'homme de tout à l'heure.

MAURICE. Après?

SALSIFIS. Il a commencé par m'administrer, à votre adresse, parlant à ma personne, une volée de coups de canne.

MAURICE. Le maraud!

SALSIFIS. Ensuite...

MAURICE. Ce n'est pas tout?

SALSIFIS. Deux autres sont venus et ont fait chorus.

MAURICE. Ce n'est pas possible.

SALSIFIS. C'est comme je vous le dis.

MAURICE. Que je regrette de n'avoir pas été là!

SALSIFIS. Et moi, donc!

MAURICE, *à part.* Merci.

SALSIFIS. Rendez-moi ma veste.

MAURICE. Tu le veux?

SALSIFIS. Arrangez-vous avec eux si bon vous semble.

MAURICE. Égoïste.

SALSIFIS. Bien obligé. (*A part, regardant au dehors.*) Ils peuvent revenir d'un moment à l'autre. (*Haut.*)

Rendez-moi ma veste.

MAURICE, *à part.* Cela tombe à merveille. Il payera encore pour ma cuisine, le coquin.

SALSIFIS, *regardant au dehors.* Rendez-moi ma veste, vous dis-je.

MAURICE, *la lui rendant.* Tiens, reprends tes insignes.

SALSIFIS, *la revêtant.* Merci. Je suis chez moi là-dedans. Voyez-vous, ça me connaît, ça.

MAURICE. Ainsi tu m'abandonnes. Et mon oncle, que vais-je en faire maintenant que tu m'as perdu de réputation à ses yeux par tes sottises?

SALSIFIS. Il est enchanté de moi, au contraire, enchanté, ravi. Je l'ai étonné par mes reparties.

MAURICE. A ce point que je ne vois qu'un moyen d'arranger tout, c'est de lui découvrir la vérité. Il m'en coûte fort, mais enfin je ne puis faire durer plus longtemps cette ridicule comédie. *(M. Duflot paraît à gauche.)*

SCÈNE X.

LES MÊMES, M. DUFLOT, *entrant par la droite.*

MAURICE, *entraînant Salsifis dans un coin.* C'est lui, tais-toi.

SALSIFIS. Vous me tordez le bras.

M. DUFLOT, *traversant lentement la scène et se dirigeant vers la porte du fond.* C'est incompréhensi ble!... C'est l'être le plus ignorant, le plus grossier, le plus stupide que je connaisse.

MAURICE. C'est de toi qu'il parle, ou plutôt de moi.

SALSIFIS, *digne.* Par exemple !

M. DUFLOT. Et rien dans son visage ne me rappelle sa mère. Oh! ce ne peut être là le fils de ma sœur. (*Il sort.*)

SCÈNE XI.

MAURICE, SALSIFIS.

MAURICE. Ah! Salsifis, je te revaudrai cela. (*Il remonte la scène et regarde M. Duflot s'éloigner.*) Pauvre cher oncle! quelle tristesse est empreinte sur toute sa personne! Sans doute il venait ici le cœur joyeux et espérant nous surprendre, mon père et moi, et retrouver dans son neveu grandi l'image accomplie d'une sœur qu'il aimait par-dessus tout. Oh! je veux aller me jeter à ses pieds... (*Il fait un pas en avant et revient en scène.*) Mais je n'ose plus, mes jambes fléchissent et... Ah! quand il verra mes larmes et mon désespoir, il me pardonnera, il me pardonnera. (*Il sort en pleurant.*)

SCÈNE XII.

SALSIFIS, *seul, le voyant s'éloigner.* Il pleure... il n'ose aborder M. Duflot... Il essuie ses yeux... et... il le salue... les voilà ensemble... Je suis sûr qu'il ne lui dit rien encore. Ah! ils s'arrêtent, et... Maurice... Bon! je ne les vois plus, ils ont disparu derrière le massif de lilas. (*Revenant en scène avec conviction.*) Ma conscience est nette; j'ai répondu à ses questions avec une intelligence qui l'a étonné plus d'une fois. Étonné! C'est le mot. Je l'ai bien vu, moi! Je lui ai fait visiter tout à l'heure la cabane aux lapins, l'office, la cave, l'écurie. Est-ce ma faute si cela ne l'a pas grandement amusé? Néanmoins, il me regardait avec un intérêt... oh! mais un intérêt qui m'allait au cœur. (*Se laissant tomber dans un fauteuil et se prélassant.*) Enfin, me voilà débarrassé, qu'il s'arrange. (*Se renversant en arrière, il chante.*) Ah qu'il est doux de ne rien faire, faire, faire, faire! tradéridéra, la, la, la, la, la. Je me sens des envies de rire. Ah! ah! ah! ah! Vraiment, on est bien dans un fauteuil, à regarder en l'air. (*Se redressant tout à coup.*) Eh mais, j'oubliais; les autres vont revenir, décampons vivement.

GROSSOMODO, *au dehors*. Où est-il? où est-il?

SALSIFIS. Qu'est-ce encore?... (*S'élançant vers la porte.*) Il était temps! Je crois que ce sont eux. (*Au moment où il va pour sortir, Grossomodo entre en agitant sa canne; il recule et revient en scène effrayé.*)

SCÈNE XIII.

LES MÊMES, GROSSOMODO.

GROSSOMODO. Du poivre! ce n'est que du poivre! Où est-il, ce marmiton du diable? le pendard, l'empoisonneur! il faut que je l'étrangle!

SALSIFIS, *effrayé, à part.* Vais-je encore attraper quelque horion, par hasard? (*Il se blottit dans un coin.*)

GROSSOMODO, *marchant à grands pas.* Quel horrible mélange! quelle sauce! oh là! (*Se tenant les côtes.*) Ah! oh! j'ai avalé l'enfer! Je brûle! Aïe! aïe! oh! oh!

SALSIFIS, *à part.* Si je pouvais me sauver sans être vu. (*Il se lève, et en se baissant il se dirige vers la porte.*)

GROSSOMODO, *même jeu.* Si je te trouve, suppôt du démon, tu passeras un vilain quart d'heure entre mes mains. (*Apercevant Salsifis et courant après lui.*) Hé! l'ami, venez donc un peu que nous causions.

SALSIFIS, *tremblant, se laisse tomber à genoux.* Grâce, monsieur! je ne vous ai rien fait.

GROSSOMODO, *le saisissant par les oreilles et l'amenant sur le devant du théâtre.*) Misérable, tu n'oses me regarder en face! A-t-on jamais fait déjeuner un honnête homme de la sorte? Vaurien! tiens! tiens! (*Il lui donne deux coups de pied.*)

SALSIFIS, *criant.* Oh! la, la, au secours! Mon bon monsieur, ce n'est pas moi... Ah! aïe, aïe!... oh! ma tête! mon dos! Oh! aïe! aïe! la! la!

GROSSOMODO, *de plus en plus furieux.* Tais-toi, empoisonneur! A ton âge, ne pas savoir faire un déjeuner, c'est honteux. Je gage que tu ne serais pas capable de mettre les oreilles d'âne à la sauce piquante? réponds!

SALSIFIS, *pleurant, criant, se débattant.* Attendez que je vous explique... la chose... mais, d'abord, oh! aïe! oyaya!

GROSSOMODO. Tu crois donc que mes entrailles sont assurées contre l'incendie?

SALSIFIS, *se débattant toujours.* Mais puisque je vous répète...

GROSSOMODO, *levant sa canne.* Me diras-tu ce que tu as fourré dans tes sauces, meurtrier?

SALSIFIS, *lui échappant.* Je ne sais ce que vous voulez dire.

GROSSOMODO, *courant après lui et le frappant de sa canne.* Ne crois pas m'échapper, petit singe. (*Il le poursuit. S'arrêtant court et se tenant les côtes.*) Oh! oh! mais je suis empoisonné. Oh! aïe! aïe! (*Il se laisse tomber sur un siége. Profitant de ce moment de répit que lui laisse Grossomodo, Salsifis s'élance vers la porte du fond; mais au même moment le Brigadier et Fanfreluche paraissent à cette porte. Salsifis recule atterré.*)

SCÈNE XIV.

LES MÊMES, LE BRIGADIER *et* FANFRELUCHE.

LE BRIGADIER, *saisissant Salsifis au collet.* Jeune homme, je vous arrête.

GROSSOMODO, *essayant de se lever.* C'est de toute justice... Une cuisine... (*Retombant et se tenant les côtes.*) Aïe! aïe! Impossible de dire une parole... Oh!

Oh! (*Il se tient les côtes.*)

SALSIFIS, *se débattant, au brigadier.* Mais, mon bon monsieur, je n'ai rien fait au gouvernement.

GROSSOMODO. Et ta cuisine, misérable?... Aïe! aie!

LE BRIGADIER, *avec majesté.* Silence! A l'aide d'un déguisement que je pourrais qualifier de stratagème, mais qui pour *lorrsse* est pour le moins artificiel et subversif, vous cherchez le moyen d'égarer la justice, donc à laquelle je suis le représentant.

SALSIFIS. Mais...

LE BRIGADIER. Silence, obséquieux jeune homme, et rougissez de porter ce costume inférieur et subalterne.

SALSIFIS. Ces habits sont les miens.

LE BRIGADIER. Taisez-vous! un fils de famille!

SALSIFIS. Je suis marmiton de mon état.

LE BRIGADIER, *avec majesté.* O mensonge ironique!

SALSIFIS, *pleurant.* Je me nomme Salsifis... Isidore.

LE BRIGADIER. Laissez ce nom grotesque et superflu. Au nom de la loi, monsieur Maurice de Sainte-Marie, suivez-moi.

GROSSOMODO, *se levant brusquement.* Hein? (*Il cherche à comprendre et regarde étonné.*) Monsieur... Maurice...

SALSIFIS, *se débattant.* Mais... vous m'étranglez...

LE BRIGADIER. Ne faites pas résistance, ou redoutez ma colère-z'ultérieure, postérieure et antérieure... (*Salsifis se demène en criant. Le brigadier et Fanfreluche le prennent, l'un par la tête, l'autre par les pieds.*)

LE BRIGADIER. Là! là! C'est un petit démon.

FANFRELUCHE. Bricatier, vous affre raison! (*Ils l'emmènent.*)

SCÈNE XV.

GROSSOMODO, *seul.*

Qu'est-ce que tout cela veut dire? Maurice par ci, Salsifis par là... Salsifis! Ce n'est pas un nom d'homme, c'est un nom de légume. Bref! on mêle à tout cela des marmitons... et puis... et puis... je n'y vois plus goutte... (*Réfléchissant.*) Mais j'aurais donc frappé le neveu de... Je suis perdu alors! Oh! mon Dieu! qu'ai-je fait! Imbécile que je suis, ne pas avoir deviné qu'il était le neveu de son oncle!... J'avais, en effet, comme un vague pressentiment que sa figure ne m'était pas inconnue. Pourtant, si je l'ai vu, ce doit être dans un autre costume, car... car... (*Il cherche à se rappeler. En ce moment, il est assis dans un fauteuil, le dos tourné à la porte de droite, et se trouve placé auprès de la fenêtre, à la gauche de la scène.*)

SCÈNE XVI.

LE MÊME, M. DUFLOT, MAURICE. (*Ils entrent par la droite sans voir Grossomodo.*)

M. DUFLOT, *sévèrement.* Auriez-vous abusé de ma crédulité?

MAURICE, *hésitant.* Monsieur...

M. DUFLOT. Parlez enfin.

MAURICE. Pardonnez-moi, monsieur.

M. DUFLOT. Encore faut-il que je sache...

MAURICE, *tombant à ses genoux.* Pardonnez-moi, je vous le demande encore, une étourderie dont je n'avais pas calculé les conséquences.

M. DUFLOT. Relevez-vous. (*Maurice baisse la tête, prend la main de son oncle et la baise en sanglotant.*)

GROSSOMODO *se lève et se dirige vers la porte du fond sans remarquer qu'il n'est pas seul; il paraît très-préoccupé.*) Le fils de M. de Sainte-Marie ne peut pas aller en prison. Il faut que je coure l'arracher de leurs mains. (*Levant les bras.*) Et moi qui l'ai rossé! Mais aussi pourquoi se mêle-t-il de faire... (*Il sort.*)

SCÈNE XVII.

M. DUFLOT, MAURICE.

M. DUFLOT, *qui est resté absorbé dans la contemplation de son neveu.* Relevez-vous, Maurice.

MAURICE. Quand vous m'aurez pardonné.

M. DUFLOT. Je vous pardonne.

MAURICE. Permettez-moi, au moins, de m'expliquer. Je ne nie pas mes torts, cependant je voudrais pouvoir les diminuer à vos yeux, afin de ne pas perdre votre estime.

M. DUFLOT. Je vous écoute.

MAURICE. Ce matin j'ai troublé la fête du village par quelques espiégleries que je regrette sincèrement. J'ai même commis des dégâts qui ont ameuté contre moi ceux qui en ont été les victimes. Le brigadier de gendarmerie est venu ici ; il a dressé procès-verbal. J'ai eu peur, et pour me soustraire à des colères légitimes, j'ai... (*il baisse la tête*) j'ai échangé mes habits contre ceux du marmiton qui a pris ma place. Il s'agissait pour moi de gagner du temps, certain qu'au retour de mon père tout s'arrangerait.

M. DUFLOT. Et c'est ce jeune garçon stupide... Oh! Maurice...

MAURICE. Votre arrivée m'a surpris au moment où notre travestissement venait d'avoir lieu. J'ignorais que vous étiez mon oncle, et croyant qu'on venait m'arrêter pour me conduire en prison...

M. DUFLOT. En prison, dites-vous?

MAURICE. Je m'exagérais sans doute la gravité de ma position.

M. DUFLOT. A la bonne heure.

MAURICE. Quand j'ai appris que vous étiez monsieur Duflot...

M. DUFLOT. Vous auriez dû immédiatement couper court à cette comédie.

MAURICE. Une crainte ridicule m'a retenu... et la honte aussi. Je comptais encore, pour me tirer de cette situation pénible, sur le retour de mon père.

M. DUFLOT, *qui regarde attentivement son filleul, à*

part, avec attendrissement. Ce sont bien les yeux de sa mère ! *(Il le relève. — Moment de silence.)* C'est ainsi que je l'avais rêvé.

MAURICE. Ouvrez-moi vos bras, mon cher oncle, et croyez qu'il m'a fallu faire beaucoup d'efforts pour ne pas vous sauter au cou tout à l'heure en causant avec vous dans le parc.

M. DUFLOT, *l'embrassant.* Mon cœur est partagé entre des sentiments différents que je ne veux pas approfondir. Je suis trop heureux, mon enfant, de te retrouver tel que je te désirais. Je mets sur le compte de ta jeunesse une étourderie que je veux oublier.

MAURICE, *avec effusion, lui serrant les mains.* Oh ! merci, merci, mon parrain !

M. DUFLOT, *s'asseyant et le plaçant à côté de lui, avec tendresse.* Enfant, dans tes traits, je retrouve ceux de ma sœur aimée ; tes cheveux sont beaux comme les siens, et tes yeux aussi ; ta main est fine comme sa main. Parle-moi.

MAURICE, *ému.* Que je vous aime ainsi, mon cher oncle ! Oh ! toute ma vie se passera à vous faire oublier le chagrin que je vous ai causé.

M. DUFLOT. Le son même de sa voix... Oh ! viens que je t'embrasse encore... toujours ! *(Il l'embrasse.)* Va, nous causerons souvent ensemble, et le soir, quand le vent attiédi agitera les acacias en fleur, nous nous enfoncerons dans les allées obscures, et, la main dans la main, les yeux au ciel, nous parlerons d'*elle.*

MAURICE. Oh ! oui, ma mère, ma bonne mère, ta

belle âme descendra au milieu de nous alors.

M. DUFLOT, *bas à Maurice.* Et je croirai la voir penchée sur ton berceau, épiant ton réveil, pour avoir la première les caresses de ta bouche et le sourire de tes yeux. (*Tristement.*) Tu avais cinq ans lorsqu'elle mourut : c'est alors que je partis. (*Silence.*)

SCÈNE XVIII.

LES MÊMES, GROSSOMODO, *entrant sans être vu.*

GROSSOMODO. Comment apprendre à M. Duflot que son neveu est en prison ? Il le faut, cependant, il le faut ! (*Apercevant M. Duflot et Maurice.*) Justement, le voici. Quel est ce jeune homme ? (*Avec intention.*) Hum ! hum !

M. DUFLOT, *se retournant.* Laisse-nous, Grossomodo, j'ai besoin d'être seul avec mon neveu.

GROSSOMODO. Avec votre... mais...

M. DUFLOT. Va-t'en, mon ami.

GROSSOMODO. Je dois, monsieur, vous prévenir...

M. DUFLOT, *se levant impatienté.* Voyons, que me veux-tu ?

GROSSOMODO. Votre neveu... bref...

M. DUFLOT. Je t'écoute.

GROSSOMODO. Cela est très-délicat à vous dire. Cependant, mon attachement... mon... ma... enfin...

M. DUFLOT. Enfin, enfin, parleras-tu ? (*Grand bruit*

au dehors; cris de Salsifis. Maurice s'approche de la fenêtre et regarde du côté d'où vient le bruit.)

GROSSOMODO, *vite, à M. Duflot.* Bref, monsieur, dussiez-vous me chasser sur l'heure, je dois... Il est de mon devoir de vous avertir que votre filleul... que votre neveu... que M. Maurice, enfin, est...

M. DUFLOT. Est ?...

GROSSOMODO. A cette heure...

M. DUFLOT, *impatienté.* Après, après!

GROSSOMODO, *avec mystère.* En prison!

M. DUFLOT, *souriant.* Bah!

GROSSOMODO, *désolé.* Oui, monsieur.

M. DUFLOT, *souriant.* Tu es fou!

GROSSOMODO, *ébahi.* Par exemple!... (*Insistant.*) De grâce, écoutez-moi. (*Le tapage redouble au dehors.*)

M. DUFLOT, *à Maurice.* Quel est ce bruit, Maurice? (*Il va à la fenêtre.*)

SCÈNE XIX.

LES MÊMES, SALSIFIS, LE BRIGADIER, FANFRELUCHE.

SALSIFIS, *poursuivi, entrant brusquement.* Lâchez-moi. Je ne veux pas aller en prison.

LE BRIGADIER, *le saisissant au collet.* Point de rébellion-z-illicite.

[illegible], *[illegible]*. Monsieur Maurice, [illegible].

MAURICE, *au Brigadier*. Laissez-le.

LE BRIGADIER. Dit-il, monsieur?

M. DUFLOT, *montrant Maurice*. Voici le vrai coupable.

LE BRIGADIER. Erreur, monsieur.

M. DUFLOT, *souriant*. Détrompez-vous. D'ailleurs, je réponds de cet enfant.

LE BRIGADIER. Vous répondez de lui?

M. DUFLOT. Je vous le répète.

LE BRIGADIER. Obtempérant finalement-z-à récupérer d'une façon péremptoire, superlative et prépondérante les dommages subversifs causés sur la personne d'un merle, d'un âne, d'un pierrot, de plusieurs poules et autres quadrupèdes de la même circonférence animale, giboyeuse et domestique...

M. DUFLOT. Tout sera indemnisé.

LE BRIGADIER, *continuant*. Et subséquemment [illegible] fracturés, carreaux cassés, perruques...

M. DUFLOT. Vous avez ma parole.

MAURICE. D'ailleurs, si vous voulez des preuves que [illegible] coupable...

LE BRIGADIER, *avec dignité*. Inutile, inutile. (*Bas, à Fanfreluche, tordant ses moustaches.*) Trouves-tu pas [illegible] [illegible] ferme qu'équilatéral!

FANFRELUCHE, *salut militaire*. Bricatier, vous afre [illegible]

GROSSOMODO, *bas, à Maurice.* Mais, enfin, expliquez-moi donc... (*Maurice l'entraîne à gauche et lui parle bas. M. Duflot s'approche d'eux. Ces trois personnages forment un groupe à part. M. Duflot fait admirer son neveu à Grossomodo, qui fait des gestes de surprise.*)

SALSIFIS, *se mettant à l'écart.* C'est égal, il ne faudrait pas beaucoup de circonstances comme celle d'aujourd'hui pour me réduire en compote. (*Il se tâte les membres d'une façon comique.*)

SCÈNE XX.

LES MÊMES, LA COQUELUCHE, RICARAC, TIRELARIGOT, GROSBOUFFI, *armés de bâtons.*

RICARAC, TIRELARIGOT *et* GROSBOUFFI, *ensemble.* Où est-il?

SALSIFIS, *les regardant d'un air goguenard.* Va-t'en voir s'ils viennent, Jean.

LA COQUELUCHE, *cherchant à se faire jour.* Atchie! J'ai...ai...ai... atchie!

LE BRIGADIER, *le repoussant.* Allez vous coucher bien chaudement, mon garçon.

LA COQUELUCHE. Je suis Alcindor, A... Alcindor La... a...a... Coqueluche. Atchie!

LE BRIGADIER, *le secouant rudement.* Vous m'avez,

jeune Alcindor, vous m'avez indignement trompé-z-en m'affirmant-z-obséquieusement que monsieur Maurice se cachait sous les habits d'un marmiton et que vous l'aviez reconnu-z-et surpris sous cet appareil.

LA COQUELUCHE. C'est la...a...a...

LE BRIGADIER. Taisez-vous.

LA COQUELUCHE. On m'a...a...a...a...

LE BLIGADIER. Taisez-vous.

LA COQUELUCHE, *faisant un violent effort.* Il n'y a pas de justice. A...a...atchie! (*Il se mêle aux autres personnages en gesticulant.*)

RICARAC, *s'avançant.* Qu'on nous expliqué la sose, cadédis! (*Indiquant Salsifis.*) Celui-ci était tout à l'heure habillé en monsieur, et (*montrant Maurice*) cet autre portait un costumé dé marmiton.

M. DUFLOT, *venant à eux.* Mes braves gens, les choses ont été entendues.

TIRELARIGOT, RICARAC *et* GROSBOUFFI. Mais...

M. DUFLOT. Il vous sera donné des dommages-intérêts.

TIRELARIGOT, RICARAC *et* GROSBOUFFI, *ôtant leur coiffure et saluant jusqu'à terre.* Oh! c'est différent, alors. (*Ils se rapprochent.*)

MAURICE, *s'avançant.* C'est moi qui suis le coupable. Recevez mes excuses. (*A Ricarac.*) Votre pierrot peut aisément se remplacer. (*A Grosbouffi.*) Votre carreau aussi. (*A Tirelarigot.*) Votre merle également : il était vieux et n'avait plus que peu de temps à vivre... (*Mouvement parmi les plaignants.*)

TOUS. Vous en parlez à votre aise.

MAURICE, *à M. Duflot.* Mon cher oncle, il ne serait pas juste que mon père réparât mes sottises. Prêtez-moi, je vous prie, trente louis que je vous rendrai sur la pension que me fait mon père pour mes menus plaisirs, je veux me punir moi-même.

M. DUFLOT, *lui tendant sa bourse.* Prenez, mon neveu, j'approuve votre résolution.

MAURICE, *distribuant l'argent aux paysans.* Tenez, tenez, tenez.

RICARAC, *faisant sauter les louis.* Trois louis, cadédis!

TIRELARIGOT, *mettant l'argent dans sa poche et soupirant.* Deux louis! il faut se faire une raison.

GROSBOUFFI, *avec éclat.* Monsieur, cassez tous mes carreaux, vous m'obligerez infiniment.

LA COQUELUCHE, *saluant jusqu'à terre.* A...a...atchie! (*Il met l'argent dans un coin de son mouchoir et fait un nœud. Après quoi il fourre soigneusement son mouchoir dans sa poche.*)

SALSIFIS, *d'un air piteux, tendant la main.* Et moi, je n'ai rien... battu... et...

MAURICE, *lui mettant cinq louis dans la main.* Je ne t'oublie pas, Salsifis, voici un dédommagement aux coups de bâton que tu as reçus. Je veux qu'à l'avenir, on dise, à l'encontre du proverbe : Les battus ne payent pas toujours l'amende.

SALSIFIS, *sautant et gambadant.* Cent francs! Oh! je vais m'acheter une belle veste, un beau pantalon.

(*S'arrêtant brusquement.*) Non, je vais les porter à mon vieux père infirme.

M. DUFLOT, *l'embrassant.* Bien dit, je double la somme. (*Au Brigadier.*) Vous nous ferez l'honneur de dîner avec nous.

MAURICE, *avec intention.* Vous avez gagné de l'appétit à me poursuivre.

SALSIFIS. Ça, c'est vrai qu'il a joliment couru, le gendarme. (*Indiquant Fanfreluche.*) Et ce grand-là aussi.

LE BRIGADIER, *à M. Duflot.* Monsieur, il n'est pas dans nos mœurs qu'un agent de l'autorité accepte une pareille invitation qu'on s'est plu à qualifier de corruptrice. Mais en déchirant le procès-verbal, je détruis tous indices superlatifs, et je peux z'ostensiblement récupérer votre dîner subséquent. (*Il déchire le procès-verbal.*)

M. DUFLOT, *saluant.* Très-honoré!

LE BRIGADIER, *bas à Fanfreluche, après avoir rendu son salut à M. Duflot.* Ne trouves-tu pas que j'ai fait là une sortie *tréliomphale*?

FANFRELUCHE, *salut militaire.* Bricatier, vous affre raisson.

CRIQUET, *au dehors.* Hue! dia! hue! Coquet!

SCÈNE XXI.

LES MÊMES, CRIQUET.

CRIQUET, *passant la tête par la porte et montrant*

le bout d'une corde. Faites excuse, mes bons messieurs, c'est moi qu'est Phanor. Min Coquet, il est revenu... serviteur ! (*Il disparaît. — Au dehors.*) Hue ! Coquet ! hue ! m'n'ami.

GROSSOMODO, *à Maurice, l'amenant sur le devant de la scène.* Un conseil... ne vous mêlez jamais de cuisine !

LE BRIGADIER. Et vous, Salsifis, reconnaissez postérieurement les inconvénients fallacieux de la grandeur.

FANFRELUCHE. Bricatier, vous affre raisson.

La toile tombe.

FIN.

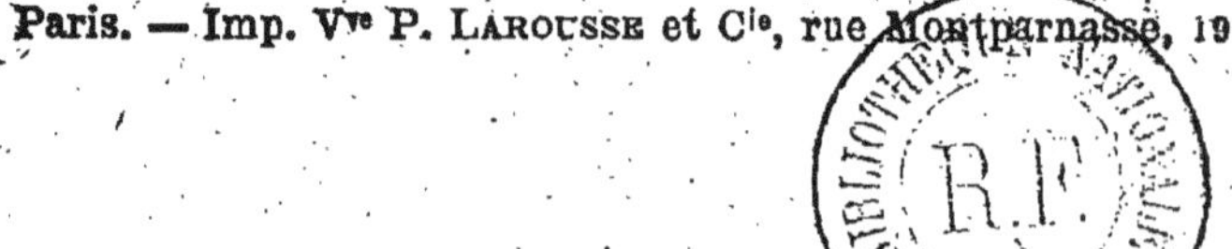
Paris. — Imp. Vve P. Larousse et Cie, rue Montparnasse, 19.

www.ingramcontent.com/pod-product-compliance
Lightning Source LLC
LaVergne TN
LVHW010038230826
846091LV00005B/1756

* 9 7 8 2 0 1 1 9 0 1 0 0 2 *